Die Autoren

Prof. Dr. Barbara Schott, interessierte sich schon als Lehrling und später als Studentin dafür, was herausragende Menschen anders machen. Vor allem während ihres Studiums in den USA bildete sie sich in verschiedenen Richtungen der Humanwissenschaften wie Transaktionsanalyse (TA) und Themenzentrierte Interaktion (TZI) und besonders auch NLP. Als Vertriebsleiterin und Filialdirektorin einer großen Versicherungsgesellschaft setzte sie viele Jahre ihre Erfahrungen auf den Gebieten Motivation, Streßmanagement und Kommunikation um. Derzeit entwickelt die Professorin der Fachhochschule Nürnberg gemeinsam mit ihren Studenten neue NLP-Konzepte, die dem einzelnen sowohl privat als auch beruflich größeren Erfolg bei der Umsetzung seiner Ziele und mehr Freude am Leben ermöglichen. In ihrem eigenen Institut «NLP-Praxis» berät und trainiert sie sowohl Manager als auch Privatpersonen.

Prof. Dr. Klaus Birker, Diplomkaufmann, beschäftigt sich theoretisch und praktisch mit den verschiedensten Aspekten der Führungslehre, Kommunikation, Personal- und Organisationsentwicklung sowie der Betriebspsychologie. Auf der Basis humanistischer Psychologie verfügt er über Erfahrungen u. a. in TZI, TA, Gestalt und NLP.

Sein besonderes Anliegen ist es, dem einzelnen Wege aufzuzeigen, die persönlichen Fähigkeiten und Ressourcen zu erschließen und konstruktiv zu handeln.

Nach über 20 Jahren leitender Tätigkeit in der Wirtschaft lehrt er heute als Professor für Betriebswirtschaft (Führungslehre und Controlling) an der Fachhochschule Rheinland-Pfalz. Seit 1987 ist er zusammen mit seiner Frau im «ABV-Institut für angewandte Betriebsorganisation und Verhaltenspsychologie» tätig als Berater, Trainer und Coach.

Von den Autoren im Rowohlt Taschenbuch Verlag bereits erschienene Titel: «Cool bleiben» (9603), «Gut drauf sein, wenn's schiefgeht» (9604), «Andere Wege wagen» (9605), «Freunde finden» (9668), «Prüfungsstreß ade» (9669), «Kompetent verhandeln» (9773).

Barbara Schott / Klaus Birker

Kompetent verhandeln

NLP – Das Psycho-Power-Programm

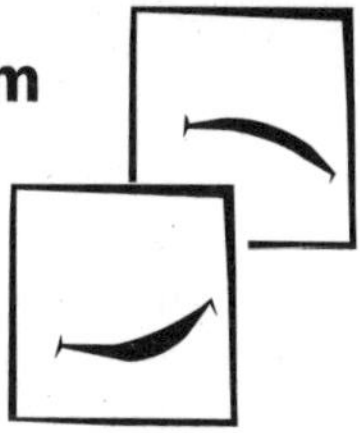

rororo

Rowohlt

Originalausgabe
Veröffentlicht im Rowohlt Taschenbuch Verlag GmbH,
Reinbek bei Hamburg, April 1995

Redaktion: Rosemarie Schwarz
Grafik: Walter Werner
Umschlaggestaltung: Susanne Heeder
Satz: Sabon PostScript Linotype Library, QuarkXPress 3.3
Gesamtherstellung Clausen & Bosse, Leck
Printed in Germany
990-ISBN 3 499 19773 1

Inhalt

So funktioniert das Psycho-Power-Programm

Woran denken Sie bei dem Wort «verhandeln»? An wichtige und bedeutende Gespräche im Geschäftsleben? An Verhandlungen in Diplomatie und Politik? Daran, daß Sie mit jemandem ein Gehalt, eine Abfindung oder einen Verkauf aushandeln wollen? Doch die vielen Gespräche im Alltag gehören gleichfalls dazu. Denn auch wenn Sie z. B. mit Ihrem Vermieter über anstehende Reparaturen sprechen oder etwas reklamieren, gilt es, Anliegen und Wünsche zu vertreten.

Bei all diesen Gelegenheiten wollen Sie etwas klären, eine Einigung herbeiführen oder eine Entscheidung vorbereiten. Dazu brauchen Sie Kompetenz. Doch diese versagt manchmal im entscheidenden Augenblick. Alles geht schief. Wie können Sie auch in schwierigen Situationen kompetent bleiben – das ist das Thema dieses Buches.

Zunächst drei einfache Beispiele: Sie behandeln Ereignisse, in denen etwas schiefging. An ihnen wollen wir zeigen, was die Probleme auslöste und wie wir dem erfolgreich entgegenwirken können. Dabei lernen wir Strukturen und Prozesse kennen, deren Verständnis uns später auch bei schwierigeren Themen in die Lage versetzt, kompetent zu verhandeln.

Was ging schief?

Monika A. wohnte mit ihrem Mann und ihrem zweijährigen Söhnchen noch immer bei ihren Schwiegereltern. Ihr Traum war eine eigene Wohnung. Jetzt, da ihr Mann sein Ingenieurstudium abgeschlossen und eine gute Anstellung gefunden hatte, wollte sie sich diesen Traum erfüllen und eine eigene Wohnung suchen. Sie sprach mit einem Vermieter, der eine 3½-Zimmer-Wohnung annonciert hatte. Nach einer kurzen Besichtigung fragte der Vermieter: «Haben Sie eigentlich Kinder?» Mit etwas belegter Stimme antwortete Monika: «Ja, einen zweijährigen Jungen.» Als dann der Vermieter fortfuhr: «Bei dem einen soll es ja wohl nicht bleiben?», ergriff Monika ein Gefühl der Beklemmung. Was sollte sie antworten? Ein befreundetes Paar mit zwei kleinen Kindern hatte ihr oft von der vergeblichen Wohnungssuche berichtet. Die meisten Vermieter scheinen Angst zu haben, daß Kinder zu viel Lärm machen. Sollte sie zugeben, daß sie sich noch ein Töchterchen wünschte? Dann würde es mit der schönen Wohnung nichts werden!

Daß es bei dem einen Kind bleiben solle, würde der Vermieter ihr kaum glauben. Der Traum wäre ebenfalls aus. So stotterte sie etwas unbeholfen: «Wir wissen es noch nicht.» Der Vermieter lächelte sie an, und Monika ahnte, gleich würde sie eine freundliche Absage erhalten. Dann hörte sie sich sagen: «Ich spreche wohl doch erst noch mit meinem Mann. Vielleicht ist es das beste, wir bleiben noch eine Zeit bei meinen Schwiegereltern wohnen. In vieler Hinsicht ist dies ja doch recht praktisch.» Sie verabschiedete sich schnell. Draußen auf der Straße hatte sie zwar das Gefühl, einen «würdigen Abgang» gefunden zu haben; aber sie hatte auch zu früh aufgegeben und ihr Ziel nicht erreicht.

Was ging schief?

Monika war überzeugt, daß es für ihre Ehe wichtig war, bald einen eigenen Hausstand zu gründen. Darum hatte sie die Initiative ergriffen. Die Wohnung hatte ihr gut gefallen, und der Vermieter auch. Aber im entscheidenden Moment fühlte sie sich nicht mehr in der Lage, das Gespräch kompetent weiterzuführen. Weshalb kam sie unter Streß und dachte nur noch an Rückzug? Warum hatte sie die gute Gelegenheit vertan?

Möglicherweise kennen auch Sie ähnliche Situationen. Oft besitzen wir die notwendigen Fähigkeiten, kompetent zu handeln; im entscheidenden Moment stehen sie jedoch manchmal nicht zur Verfügung.

Wie Monika begeben wir uns auf den Rückzug. In diesem Buch geht es darum, unsere Kompetenz zu behalten oder wiederzufinden, um auch in schwierigen Phasen einer Verhandlung konstruktiv und erfolgreich zu bleiben.

Helmut B. sah von seinem Bürofenster aus, wie im Lagerschuppen Lichtkuppeln eingesetzt und die Dachpappe entfernt wurde. Ein Stück davon könnte er gut zur Abdeckung seiner Gartenlaube brauchen. Er sprach seinen Kollegen darauf an. Dieser antwortete, er wisse noch nicht, was mit der Dachpappe geschehen solle, und müsse sich erst erkundigen. Am nächsten Tag beobachtete Helmut, daß ein anderer Mitarbeiter ein Stück der Dachpappe bekam und sie sich auf den Gepäckträger seines Rades lud. Helmut war sich sicher, früher gefragt und somit auch als erster Anrecht auf die Dachpappe zu haben. Er ging zu dem zuständigen Kollegen: «Gestern, als ich Sie ansprach, sagten Sie, Sie wüßten noch nicht, ob Sie die Pappe abgeben könnten, und jetzt sehe ich, daß ein anderer Kollege schon etwas bekommen hat. Das finde ich nicht in Ordnung.»

«Seit heute mittag weiß ich, daß wir die Dachpappe hier nicht mehr verwenden. Was macht es aus, wenn ich jemandem, der gerade vorbeikam, schon ein Stück gegeben habe?» Helmuts Atem ging schneller, sein Blutdruck stieg. Er spürte, der Kollege wollte ihn nicht richtig verstehen. Helmut fühlte sich im

Recht und durchaus in der Lage, für seinen Anspruch auf die Pappe zu kämpfen. «Nachdem ich Sie gestern höflich gefragt habe, hätten Sie mich heute informieren können, als Sie erfuhren, daß die Pappe nicht mehr gebraucht wird. Ich habe als erster gefragt und habe daher auch als erster Anrecht darauf.» – «Nun haben Sie sich doch nicht so. Es ist noch reichlich da. Aber übrigens, ein Anrecht hat niemand darauf!» Wollte der Kollege ihm jetzt noch die Berechtigung streitig machen?
Helmut konterte: «Wahrscheinlich sind Sie überhaupt nicht zuständig!» – «Wenn das so ist, kann ich auch nicht zulassen, daß Sie sich hier etwas wegnehmen. Dann müssen Sie schon mit dem Prokuristen sprechen!» beendet der Kollege das Gespräch.
Was ging hier schief?
Anders als Monika hat sich Helmut nicht zurückgezogen, sondern um sein Anliegen gekämpft. Dabei hat er aus dem Auge verloren, daß sein eigentliches Ziel, ein Stück der Dachpappe zu erhalten, ohne Auseinandersetzung erreichbar gewesen wäre. Helmut hätte gewinnen können, ohne zu kämpfen. Diesen kompetenten Weg der Verhandlung sah er jedoch nicht mehr, als der Kollege sich anders verhielt, als Helmut erwartet hatte.
Warum verhielt sich Helmut so inkompetent? Und noch wichtiger: Was hätte er tun können, um seine Kompetenz zurückzugewinnen? Wir werden uns

noch ausführlich damit beschäftigen, in ähnlichen Situationen Herr der Lage zu bleiben.

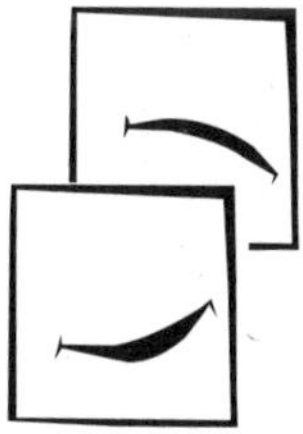

Ein drittes Beispiel: Maria C. ist Verkäuferin und hat üblicherweise am Mittwoch ihren freien Tag. Ihre Kollegin hat am Dienstag frei. Maria würde diese Woche gern tauschen, da am Dienstag mittag ihr Bruder zu Besuch kommt und am Mittwoch ganz früh weiterfahren muß. Sie spricht ihre Kollegin an, die erwidert: «Das ist aber recht kurzfristig. Natürlich habe ich mir für Dienstag auch schon etwas vorgenommen. Ist es für dich denn so wichtig, was du vorhast?» – «Ja, selbstverständlich, sonst würde ich dich ja nicht bitten», meint Maria sich rechtfertigen zu müssen. «Ich werde etwas telefonieren und umorganisieren müssen», erwidert die Kollegin, «aber mit etwas Mühe wird es mir schon gelingen, die Termine auf Mittwoch zu verlegen.» Maria hört nicht, daß ihre Kollegin etwas Anerkennung für ihre Bereitschaft bekommen möchte. Für Maria ist es selbstverständlich, daß man sich unter Kolleginnen hilft, ohne viel darüber zu reden. «Wenn es dir so viel Mühe macht, dann werde ich es halt anders einrichten», sagt sie säuerlich. «Ich hatte gedacht, du würdest es gerne tun.»

Was ging schief?

Anders als beim Rückzug im Falle von Monika A. hat hier die Kollegin bereits ihre Bereitschaft signalisiert, auf das Anliegen von Maria einzugehen. Maria hatte jedoch eine andere Art der Zustimmung erwartet. So war sie nicht mehr in der Lage, einfach «danke» zu sagen und das Angebot anzunehmen.

Der Neandertal-Effekt

In einer kompetenten Verfassung nehmen wir eine Situation umfassend wahr und reagieren angemessen. Inkompetenz schränkt uns auf wenige Verhaltensalternativen ein.

Monika A. fürchtete, bei ihrer Wohnungssuche eine Absage zu erhalten. Ihre Reaktionsmöglichkeiten reduzierten sich auf Rückzug, also auf Flucht aus einer Situation, mit der sie nicht mehr konstruktiv umgehen konnte. Helmut B. hingegen reagierte mit Vorwürfen, also mit Aggressionen, als er sich nicht korrekt behandelt fühlte. Auch sein Verhalten reduzierte sich auf diese eine Alternative. Damit war auch Helmut nicht mehr in der Verfassung, die Situation umfassend wahrzunehmen und konstruktiv darauf einzugehen.

Im Überlebenskampf mußte früher bei bedrohlichen Situationen schnell und mit einfachen Verhaltensformen reagiert werden. Sie bestanden bei Gefahr aus Angriff oder Flucht. Wir bezeichnen dieses Verhaltensmuster auch als «Neandertal-Effekt». Im Überlebenskampf konnte es tödlich sein, Gefahren

Der Neandertal-Effekt

Flucht **Angriff**

Es gibt zwei Urformen, auf Streß zu reagieren: Flucht oder Angriff

nicht schnell genug als solche zu erkennen. Es war sicherer, Unbekanntem mit Argwohn zu begegnen. Wahrscheinlich resultiert der vielfach anzutreffende Vorbehalt gegenüber Neuem und unerwarteten Situationen noch aus dieser Zeit. Der Neandertal-Effekt wird aktiviert. Die Alternativen Angriff oder Flucht zeigten sich damals in körperlichen Reaktionen. In den Muskeln wurde viel Energie benötigt – entweder in den Armen oder in den Beinen. Um den Energieverlust auszugleichen, wurden die anderen Funktionen reduziert, z. B. die Verdauung und die Durchblutung der Haut. Der Volksmund sagt: «Das ist ihm auf den Magen geschlagen» oder «sie wurde blaß vor Schreck».

Für schnelle Reaktionen war das analytisch abwägende Denken unseres Großhirns nicht gefragt, so daß in extremen Streßsituationen auch heute noch die Durchblutung des Großhirns wesentlich reduziert wird: das führt zu Denkblockaden. Die meisten Situationen, in denen wir uns heute bewähren müssen, sind jedoch nicht mehr durch Angriff oder Flucht zu bewältigen. Körperliche Leistungsfähigkeit ist dabei weniger gefragt als geistige Kompetenz. Kompetent zu sein bedeutet, Verhaltensvielfalt und Flexibilität für konstruktive Reaktionen zu erhalten bzw. wiederzufinden. Dann kann es hilfreich sein, die Grundstruktur, die zu eingeschränktem Reaktionsverhalten führt, zu erkennen. Durch unsere

Sinne – also Sehen, Hören, Fühlen, Riechen und Schmecken – nehmen wir unsere Außenwelt wahr und formen uns ein Bild der Situation, das im Gehirn mit unseren Erfahrungen verglichen wird. Positive Erinnerungen lösen ein positives Gefühl aus. Waren wir früher in ähnlichen Situationen erfolgreich, so fördert dies die Zuversicht, uns auch diesmal kompetent zu verhalten.

Anders jedoch, wenn ungute Erfahrungen wachgerufen werden. Sie wecken entsprechende Befürchtungen. Auch Situationen oder Reaktionen unseres Umfeldes, die anders ausfallen als erwartet, können negative Gedanken hervorrufen. Ebenso lösen vermeintliche Bedrohungen, Unsicherheit bei unbekannten Situationen oder Angst vor Versagen Alarmbereitschaft aus.

Gefühle wie Angst, Ärger, Unsicherheit oder Enttäuschung führen zum Ausstoß von Adrenalin und anderen Streßhormonen. Sie stimmen uns und unseren Körper auf die Grundmuster von Angriff oder Flucht ein. Der Neandertal-Effekt wird wirksam.

Die Stationen sind: unsere Wahrnehmungen, unsere Erfahrungen, Erinnerungen und Wertungen sowie unsere gedanklichen und emotionalen Reaktionen. Wenn wir diesen sich oft unbewußt vollziehenden Prozeß an einer Stelle unterbrechen, haben wir die Chance, steuernd einzugreifen, statt reflexartig zu reagieren.

Eine Methode, die uns hierbei helfen kann, heißt etwas kompliziert «Neuro-linguistisches-Programmieren» oder kurz «NLP». Sie wurde in den siebziger Jahren von zwei Amerikanern entwickelt: dem Sprachforscher John Grindler und dem Informatiker und Gestalttherapeuten Richard Bandler. Sie erforschten, wie besonders erfolgreiche und begabte Kommunikatoren und Therapeuten vorgingen und ihre Fähigkeiten einsetzten. Aus der Analyse der verwendeten Strategien entwickelten sie ein Modell, das sie transparent und übertragungsfähig machten. Das Modell wurde in viele Richtungen weiterentwickelt. So nutzen wir für unser Thema – kompetent verhandeln – erfolgreiche Kommunikationsstrategien, die exzellente Verhandlungsführer angewendet haben.

Auch von uns selbst können wir lernen. Wenn wir uns Situationen, in denen wir kompetent verhandelt haben, verdeutlichen, können wir die dabei eingesetzten Fähigkeiten und Vorgehensweisen auf den jetzt zu bewältigenden Fall übertragen. Je mehr Sie von sich selbst als Modell lernen, um so größer wird Ihr Vertrauen in Ihre eigenen Fähigkeiten. Dieses Buch kann Ihnen dafür als Schlüssel dienen.

Noch ein Wort zu NLP: Der Bestandteil «Programmieren» weist darauf hin, daß eine Folge von Einzelschritten, durch einen Auslöser angestoßen, zum entsprechenden Verhalten führt. Bringt dies das erwünschte Ergebnis, so haben wir ein erfolgreiches Programm, ohne jeden Schritt der Sequenz immer wieder neu entwickeln zu müssen. Sind wir jedoch mit dem Ergebnis nicht zufrieden oder engt uns das Programm ein, so läßt sich das Programm erweitern oder ändern, ähnlich wie auch Computerprogramme ausgetauscht oder verändert werden können. In diesem Sinne will dieses Buch auch Programmierhilfe sein.

Der Begriffsbestandteil «Neuro-» weist sowohl auf die besondere Verbindung zu unseren Sinnen – Sehen, Hören, Riechen, Fühlen und Schmecken – hin als auch auf den engen Zusammenhang zwischen Geist und Körper. Dies bedeutet zum einen, daß unsere Gedanken die geistige und körperliche Befindlichkeit beeinflussen. Zum anderen erlaubt das Beachten körperlicher Symptome Rückschlüsse auf geistige und gedankliche Vorgänge.

Der Begriff «Linguistik» steht schließlich dafür, daß es der NLP gelungen ist, über das Sprachverhalten Zugang zu Denkprozessen aufzuzeigen. Dies bezieht sich sowohl auf die jeweils dominierende Art der Wahrnehmung als auch auf die Weise, in welcher Erinnerungen erlebt werden. Nehmen wir eine Situation nur reduziert oder unvollständig wahr, so kann dies die Ursache für eingeengtes, inkompetentes Verhalten sein. Hierauf werden wir im folgenden noch eingehen.

In unserem dritten Beispiel hatte Maria C.s Wertsystem sie daran gehindert, auf das Angebot ihrer Kollegin einzugehen. Hier wurde neben dem «Neandertal-Effekt» eine weitere Gefahr angesprochen, die uns zu Inkompetenz führen kann. Unsere Überzeugungen beeinflussen, was wir akzeptieren oder ablehnen. Zu eingrenzende Glaubenssätze können die Flexibilität unseres Verhaltens behindern.

Ihre Kompetenz schlummert in Ihnen!

Kommen wir noch einmal auf Monika A. aus unserem ersten Fall zurück. Monika war Sachberaterin bei einem Steuerberater. Sie betreute schon in jungen Jahren zuverlässig und selbständig eine Gruppe von Klienten. Als ihr Mann noch studierte, arbeitete sie ganztags, auch nach der Geburt ihres Sohnes. Sie wohnten bei ihren Schwiegereltern, und da ihre Schwiegermutter nicht berufstätig war, kümmerte sie sich tagsüber um ihren Enkel. Nachdem Monikas Mann das Examen abgelegt und eine gute Anstellung gefunden hatte, arbeitete sie nur noch halbe Tage. Sie begann mit der Suche nach einer eigenen Wohnung. Befragt nach dem Gespräch mit dem Vermieter, gab sie folgende Antwort: «Zunächst war ich noch recht zuversichtlich. Die Wohnung gefiel mir ausnehmend gut. Auch der Vermieter schien ein sympathischer, älterer Herr zu sein. Als dann jedoch die Sprache auf die Kinder kam, fiel mir ein, daß meine Freundin mir erzählt hatte, wie schwer es für ein junges Paar mit Kindern sei, eine Wohnung zu finden. Wenn ich mir jetzt die Szene in Erinnerung rufe, so sehe ich eigentlich nur noch den sprechenden Mund des Vermieters. Ich hatte das Gefühl, dies ist jetzt eine freundliche Einleitung.» Und sie fügt hinzu: «Im Grunde wartete ich nur darauf, daß er die Absage aussprechen würde.»

Monika hatte die Situation anschaulich und präzise beschrieben. Während sie sprach, war sie ein wenig, aber doch deutlich erkennbar, in sich zusammengesunken. Nun fügte sie noch hinzu: «Ähnliche Situationen habe ich schon gelegentlich erlebt. Darum will ich jetzt mehr über kompetente Gesprächsführung lernen.» Bei dem Hinweis: «dies war aber ein sehr kompetenter Bericht» richtete sie sich auf: «Ich kann mich auf mein Gedächtnis gut verlassen.» Auf die Frage, ob sie sich auch an erfolgreiche Verhandlungen erinnern könne, sagte sie lächelnd: «Ja, ich erinnere mich an mehrere.» Dann wählte Monika eine Begebenheit aus und erzählte von einer Verhandlung beim Finanzamt, bei der sie sich erfolgreich für einen Mandanten eingesetzt hatte. An den mittelgroßen Raum konnte sie sich noch bildlich erinnern. Sie hatte auch noch eine ungefähre Vorstellung von dem Aussehen und der Kleidung ihrer beiden Gesprächspartner sowie dem Aktenregal gegenüber, in dem einige Bücher und Steuerkommentare standen. Auf die Vermutung, es könnte für sie erschwerend gewesen sein, allein zwei Gesprächspartnern gegenüberzusitzen, antwortete sie: «Nein,

ich sagte mir, daß sie so sicher nicht zu sein schiënen, wenn sie schon zu zweit gekommen waren.»
Was war bei dem zweiten Gespräch anders? Und wie kann Monika ihre Fähigkeiten auch für andere Gespräche einsetzen?
Unsere körperliche Befindlichkeit, unsere Haltung, Stimme und die Art, wie wir die Außenwelt wahrnehmen, korreliert mit unserer geistigen Verfassung. Zwischen unseren Gedanken und Schlußfolgerungen einerseits und unserem Verhalten und unserer körperlichen Befindlichkeit andererseits besteht ein enger Zusammenhang. Erinnern Sie sich noch an die körperliche Einstimmung auf Angriff oder Flucht, die der Neandertaler vornahm, wenn er sich gefährdet fühlte? NLP hat eine Methodik entwickelt, die Wechselbeziehungen zwischen Körper und Geist zu erkennen und ihre strukturellen Zusammenhänge zu verdeutlichen.
Wir alle können die Elemente des jeweiligen Denkprozesses erkennen, wenn wir eine Person aufmerksam beobachten und bei einer Schilderung auf die Akzente achten. Daraus können wir Rückschlüsse auf die Verfassung ziehen. Wir erkennen, ob sich der andere in einem energievollen oder in einem blockierten Zustand befindet. Am Beispiel Monikas werden wir uns dies noch näher ansehen.
NLP eröffnet uns noch weitere Optionen. Wir erhalten Hinweise über Verfassung und Denkstrategien

durch verbale oder körperliche Signale. Diese Zusammenhänge gelten jedoch auch in umgekehrter Richtung. Ist das Muster einmal erkannt, so kann durch entsprechende Körperhaltung, Sichtweise etc. ein einengender Zustand beendet werden. Wir können in eine energievolle Verfassung wechseln und unsere Fähigkeiten einsetzen. Das ist der Schlüssel zu Kompetenz in uns.

Wie Sie sich diese Schlüssel anfertigen und dann benutzen können, wird im zweiten Teil dieses Buches geschildert.

Bilder beschreiben

Monika beschrieb die Bilder beider Situationen auffällig unterschiedlich. Im ersten Fall war das Bild klein und konzentrierte sich auf den Mund des Vermieters. Von dem erfolgreichen Gespräch im Finanzamt hatte sie ein großes Bild. Es reduzierte sich nicht auf ein Detail, sondern umfaßte die ganze Szene. Das Bild war farbiger, und sie konnte mehrere Einzelheiten beschreiben. Diese Beschreibung zeigt deutlich, was in entsprechenden Situationen in uns vorgeht: Bei einem kleinen Bildausschnitt engen wir unsere Sicht ein; ein größerer Szenenausschnitt gibt ein umfassenderes Bild, zeigt zusätzliche Aspckte und Zusammenhänge. Er ist informativer und eröffnet somit Handlungsalternativen. Das innere Bild weist auf den jeweiligen Energiezustand hin.

Haben Sie Lust zu einem kleinen Experiment? Erinnern Sie sich bitte an eine Situation, die Sie mit voller Kompetenz gemeistert haben, und dann an eine zweite, in der Sie blockiert waren und keinen Zugang zu Ihren Fähigkeiten fanden. Vergegenwärtigen Sie sich die dazugehörigen Bilder! Die meisten Menschen sehen im ersten Fall die ganze Szene. Das Bild ist groß, hell und farbig. Es befindet sich in einem größeren Abstand zu uns. Im zweiten Fall ist das Bild oftmals auf einen Ausschnitt reduziert. Es ist kleiner, näher. Oftmals sehen wir es nur verschwommen und in schwarzweiß.

Ähnlich ging es auch Monika. Im ersten Fall sah sie nur noch die Alternative, sich entweder gleich eine Absage anhören zu müssen oder aber der Situation zu entfliehen.

Wir veranlaßten Monika, sich mit einem energievollen Gefühl aus dem Gespräch im Finanzamt das Bild von dem Gespräch mit dem Vermieter noch einmal anzuschauen und es zu verändern. Schrittweise vergrößerte sie den Ausschnitt, bis sie das ganze Gesicht des Vermieters, dann seine Gestalt und schließlich einen Großteil des Raumes betrachten konnte. Das Bild wurde heller und farbiger. Sie erkannte nun auch den freundlichen Gesichtsausdruck und die ihr zugewandte Haltung des Vermieters. Als sie an das Bild der Amtsstube und die Bücher im Regal zurückdachte, sagte sie: «Wenn die Situation schwieriger wurde und die Beamten eine ablehnende Wertung vortrugen, sah ich die umfangreichen Kommentare im Aktenschrank und sagte mir: «So eindeutig sind die Fälle selten, meistens gibt es mehrere Lösungen. Dann fielen mir weitere Alternativen ein.»

Gewinnen Sie den besseren Überblick

Als sie diese Einstellung auf die Situation der Wohnungssuche übertrug und das Bild vergrößerte, gewann sie mehr Abstand zu der Szene. Der bessere Überblick ermöglichte ihr eine größere Freiheit im Denken. Sie entschloß sich, den Vermieter nochmals anzurufen, und ihn, falls die Wohnung noch nicht vermietet sei, um ein weiteres Gespräch zu bitten.

Freiheit im Denken durch bessere Übersicht

Unsere Wahrnehmung ist selektiv. Nicht alle Signale unseres Umfeldes erreichen uns. Unser Weltbild formt sich aus unvollständigen Informationen. Es ist fast so, als würden wir uns über eine Landkarte ein Bild der Welt machen. Fehlen Teile, so bleiben sie unberücksichtigt. Sind Bereiche überrepräsentiert, so dominieren sie in unangemessener Weise. Dies hat auch seine guten Seiten. Wenn wir uns z. B. einer kniffligen Aufgabe widmen, können wir uns konzentrieren und werden nicht durch Nebeninformationen abgelenkt.

Unser Unbewußtes stellt dann dem Bewußtsein nur noch die Informationen zur Verfügung, die als wichtig angesehen werden.

Dieses System ist oft sinnvoll. So können beispielsweise junge Mütter bei größerem Lärm fest schlafen, aber beim kleinsten Laut ihres Babys wachen sie auf. Manchmal ist diese Reduktion jedoch nicht konstruktiv. Als Helmut aus unserem zweiten Fall ganz auf seinen «Kampf um die Dachpappe» eingestellt war, nahm er die Signale nicht mehr wahr, die es ihm ermöglicht hätten, sein Ziel problemlos zu erreichen.

Unsere Wahrnehmung der Außenwelt wird von unserer inneren Einstellung beeinflußt. Die Erkenntnis, daß unsere Vorstellung von der Welt nie objektiv, sondern immer subjektiv sein wird, fördert das Bewußtsein, auf Verzerrungen zu achten.

Die Sinne prägen unser Weltbild

Unsere Umwelt nehmen wir über unsere Sinne wahr. Die einzelnen Sinneskanäle Sehen, Hören, Fühlen, Schmecken und Riechen sind nicht immer gleich aktiv. Je nach Person und Situation kann einer von ihnen dominieren. Unsere Vorstellung kann visuell geprägt sein (durch das, was wir sehen), auditiv (durch das, was wir hören) oder kinesthetisch (durch das, was wir fühlen). Die meisten Menschen setzen einen dieser drei Sinneskanäle bevorzugt ein und vernachlässigen die anderen. Die Signale unseres bevorzugten Sinneskanals prägen unser Weltbild besonders. Deshalb hat einer eine Szene eher bildhaft in Erinnerung, während andere sich vornehmlich an die entsprechenden Worte, Töne und Geräusche erinnern oder an das mit dem Erleben verbundene Gefühl. Auch zwischen der bevorzugten Wahrnehmungsebene und der Stellung der Augen gibt es einen Zusammenhang. Die Graphik zeigt dieses Augenmuster. Es ist typisch für Rechtshänder. Bei Linkshändern können die Seiten vertauscht sein. Deshalb sollten Sie die Bewegungsmuster bei sich und ande-

Augenmuster

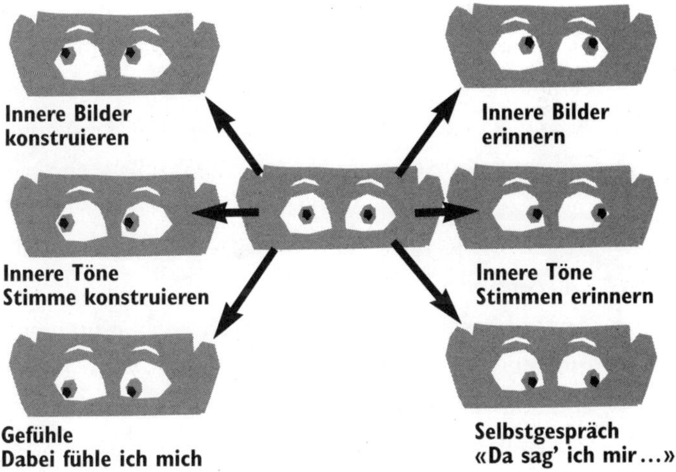

bei Rechtshändern aus der Sicht des Betrachters

ren immer wieder überprüfen. Die Graphik zeigt, wie wir den anderen sehen. Die Bezeichnungen «links» und «rechts» entsprechen der Perspektive des Betrachters. Wenden wir es auf uns selbst an, so müssen wir die Seiten vertauschen.

Augen oben rechts: Innere Bilder werden aus dem Gedächtnis abgerufen, also visuelle Erinnerungen.

Augen oben links: Hier werden Bilder konstruiert, also Vorstellungen, wie etwas sein könnte, Visionen etc.

Augen Mitte rechts: Das zeigt die Erinnerung an Tönen, Geräuschen und Stimmen an, z. B., wenn wir uns überlegen, was damals gesagt wurde.

Augen Mitte links: Hier werden Töne, Geräusche und Stimmen konstruiert.

Augen unten rechts: Dies ist ein Anzeichen für einen inneren Dialog, in dem verschiedene Aspekte gegeneinander abgewogen werden.

Augen unten links: Dies ist typisch, wenn Szenen gefühlsmäßig erlebt werden. Hier können auch Informationen aus der Geruchs- und Geschmackswahrnehmung berücksichtigt werden.

Die Kenntnis über die Augenmuster kann uns bei der Selbstführung unterstützen. Sie geben uns Hinweise darauf, in welcher Denk- und Wahrnehmungsebene wir uns gerade befinden. Aber wir können durch die bewußte Änderung unserer Augenstellungen auch unsere Denkebenen erweitern

und variieren: wir können uns also einen zusätzlichen Bereich eröffnen, ihn «mit ins Auge fassen». Wir gewinnen einen zusätzlichen «Blickwinkel».
Oftmals können wir ein Muster erkennen in der Aufeinanderfolge von Augenbewegungen. Bei Monika war dies z. B. oben rechts, Mitte rechts und unten links. Die Abfolge verdeutlicht drei Schritte. Zunächst wurde die Szene in Erinnerung gerufen, bei Monika durch ein Bild (visuell). Im zweiten Schritt rief sie ihre Erfahrungen auf; die Informationen waren auditiv; die Stimme ihrer Freundin «es ist schwer für Paare mit Kindern, eine Wohnung zu finden» und ihr eigener Satz «es gibt immer mehrere Lösungen». Schließlich überprüfte sie die Erfahrung gefühlsmäßig (Augen unten links).
Die Abfolge wird bei NLP auch als Strategie bezeichnet und enthält drei Elemente:

- Im ersten wird angezeigt, über welche Sinneswahrnehmung jemand Zugang zu seinen internen Informationen findet.
- Über den bewußten Anteil der abgerufenen Erfahrungen gibt das zweite Element Auskunft.
- Das dritte Element offenbart, wie die Erfahrungen in der Realität überprüft werden.

Wenn wir über diese drei Schritte den Zugang zu unseren Fähigkeiten finden, haben wir eine erfolgreiche Strategie entwickelt. Durch Variationen im Auslöser und durch das Abrufen zusätzlicher positiver Erfahrungen können wir eine konstruktivere Sequenz aktivieren, die uns den Zugang zu unseren Ressourcen ermöglicht und uns in die Lage versetzt, kompetent zu verhandeln. Die bevorzugte Wahrnehmungsebene zeigt an, wo wir uns und andere am leichtesten erreichen.

Die Zwei-Gewinner-Lösung

Welche Fähigkeiten sollten wir für eine kompetente Verhandlung aktivieren? Worauf kommt es bei einem konstruktiven Gespräch an? Das in der Graphik dargestellte Kommunikationsmodell zeigt die wesentlichen Elemente, ausgehend von dem Satz: «Wer sagt was wie zu wem und mit welchem Erfolg?» Zusätzlich muß das Umfeld, die Situation, in der ein Gespräch stattfindet, berücksichtigt werden. Beteiligte sind der Sender (wer) und der Empfänger (wem) einer Botschaft, also wir und unser/unsere Verhandlungspartner. Dabei wechseln im Gespräch die Rollen zwischen Sender und Empfänger.

Die Frage «mit welchem Erfolg» beinhaltet zwei Aspekte. Wir müssen uns darüber bewußt werden, welches Ziel wir erreichen wollen. Erst dann können wir überprüfen, ob wir es auch erreicht haben.

So wollte Helmut B. aus unserem zweiten Fall ursprünglich einen Teil der Dachpappe. Erfolg messen wir daran, **ob** und **wie** wir ein Ziel erreichen. Die Rückmeldung des Partners zeigt uns an, in welchem Maße wir erfolgreich waren. Helmut wäre erfolg-

Wer sagt was wie zu wem und mit welchem Erfolg?

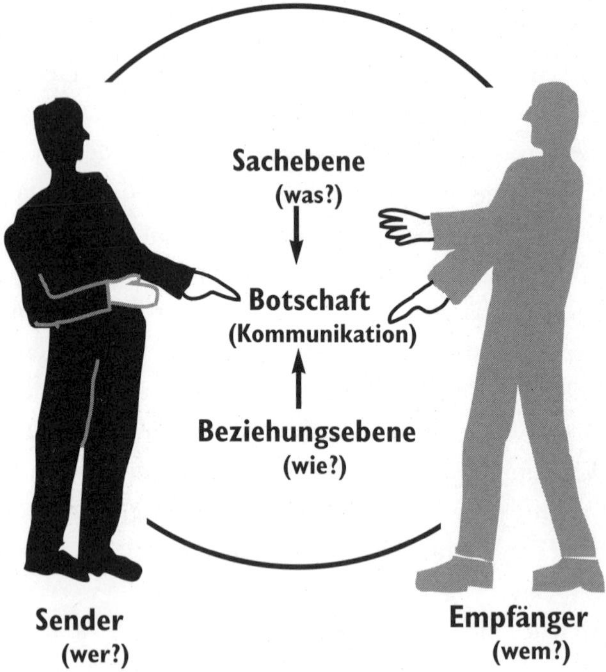

Die Reaktion Ihres Partners zeigt Ihnen, mit welchem Erfolg Sie kommunizieren

reich gewesen, wenn ihm sein Kollege die Dachpappe gern gegeben hätte. Statt dessen hat er weder den Kollegen für sich gewonnen noch die Dachpappe erhalten. Helmuts Kommunikation war erfolglos.

Erst Brücken bauen!

Die verbal und nonverbal übermittelte Botschaft berührt die Sachebene (was) und die Beziehungsebene (wie). Über die Beziehungsebene wird das Klima des Gesprächs oder der Verhandlung beeinflußt. Hier entscheidet sich, ob die Teilnehmer konstruktiv eingestimmt und in eine positive oder in eine ablehnend-negative Verfassung versetzt werden. In der Anfangsphase oder bei auftretenden Spannungen kommt der Beziehungsebene besondere Bedeutung zu. Je tragfähiger die Beziehungs-Brücke ist, um so besser lassen sich auf der Sachebene auch schwierige Probleme behandeln und lösen: Erst wird die Brücke gebaut, bevor man Lastwagen (die Last der Sachthemen) darüber fahren lassen kann – nicht umgekehrt. Helmut hat keine freundliche Beziehung zu seinem Kollegen aufgebaut, sondern ihn mit Vorwürfen bedrängt und eine ungute Atmosphäre geschaffen. So war es nicht verwunderlich, daß sein Anliegen auf der Sachebene abgelehnt wurde.

Als Außenstehenden erscheinen uns solche Vorfälle oft banal und klar. Sind wir selbst in einen solchen Ablauf verstrickt, finden wir den Schlüssel zu einem angemessenen Verhalten schwerer. Kompetente Ge-

sprächsführung – Führen im Gespräch – erfordert zunächst, sich selbst sinnvoll zu führen.
Welche Fähigkeiten müssen wir aktivieren, um kompetent zu verhandeln?

Vor der Verhandlung

1. Vor der Verhandlung: Schalten Sie ab und entspannen Sie!
Wenn Sie vor der Verhandlung ein unangenehmes Erlebnis hatten oder aus einer hitzigen Diskussion kommen, besteht die Gefahr, daß Sie Ihre Emotionen auf das neue Gespräch übertragen. Der Erfolg der Verhandlung kann auch beeinträchtigt werden, wenn Sie gedanklich mit noch ungelösten Problemen beschäftigt sind. Konzentrieren Sie sich auf das Hier und Jetzt!
2. Was wollen Sie wirklich? Haben Sie ein klares Ziel? Ist Ihr Ziel realistisch?
Berücksichtigen Sie auch die Interessen Ihrer Partner und die gesamte Situation? Sind Sie bereit, auch die Konsequenzen zu akzeptieren, die mit Ihrem Ziel verbunden sind?
3. Stellen Sie sich auf Ihren Partner ein! Welche Interessen hat Ihr Partner? Erkennen Sie, auf welcher Wahrnehmungsebene sich Ihr Partner befindet. Wenn Sie sich mit Ihrer Botschaft darauf einstellen, wächst Ihre Chance, richtig verstanden zu werden. Ist Ihr Partner gedanklich noch mit einem anderen Thema beschäftigt? Dann widmen Sie sich dem , bevor Sie in Ihrem Anliegen weiterverhandeln.

4. Berücksichtigen Sie die Situation. Findet das Gespräch im Büro oder im Treppenhaus statt? Ist es im voraus geplant oder ergibt es sich zufällig? Wenn Sie die jeweilige Situation sensibel wahrnehmen, können Sie sich besser in Ihren Partner einfühlen.

5. Beachten Sie die Rückmeldungen.

Die Rückmeldung gibt uns die Chance, zu prüfen, ob wir richtig verstanden wurden. Mißverständnisse können in Verhandlungen zu kritischen Situationen führen. Reagieren Sie konstruktiv, nicht ärgerlich oder ungeduldig. Wenn wir glauben, etwas besonders gut erläutert zu haben, aber unser Partner nur verwirrt ist, kann die Enttäuschung darüber uns inkompetent machen.

6. Bleiben Sie konstruktiv. Lassen Sie sich nicht verunsichern. Wenn die Verhandlung einen anderen Verlauf nimmt oder der Partner nicht so reagiert, wie wir es erwartet haben, besteht die Gefahr, dem «Neandertal-Effekt» zu erliegen und in einen blockierten Zustand zu geraten. Aktivieren Sie durch Selbstführung den kreativen Energiezustand in sich, und bleiben Sie lösungsorientiert.

7. Verhandeln Sie nicht gegen, sondern mit Ihrem Partner.

Ziel einer kompetenten Verhandlungsführung ist die «Zwei-Gewinner-Lösung». Dann sind beide Verhandlungspartner mit dem Ergebnis zufrieden, und neben der Sachebene wird zumeist auch die Beziehungsebene verbessert. Das ist eine gute Basis für künftige Verhandlungen.

Viele glauben, man könne nur Gewinner sein, wenn der andere verliert. Die «Spielregeln» sind dann auf Kampf ausgerichtet. Der andere wird nicht überzeugt und in die Lösungsfindung mit einbezogen. Sein Standpunkt wird als unvernünftig oder unhaltbar hingestellt. Für den Verlierer ist die Niederlage hart, da er nicht nur in der Sache zurückstecken muß, sondern sich auch negativ beurteilt fühlt. Für den Gewinner ist der Sieg teuer erkauft; er hat sich zwar in der Sache durchgesetzt, seinen Gesprächspartner aber nicht gewonnen. Das kann bei künftigen Gesprächen zu einer Belastung werden.

Zwei Teilhaber eines Unternehmens verhandeln über unterschiedliche Strategien für die nächste Zukunft: Herr Lehmann will die freien Mittel in den Verkauf, und zwar in den Ausbau des Exports, investieren; Herr Kunz würde das Geld lieber für Forschung und Entwicklung ausgeben. Wenn sie sich auf ihr gemeinsames Ziel besinnen, vermeiden sie das Gewinner-Verlierer-Spiel. Beide wollen das Unternehmen besser auf den sich entwickelnden EU-Markt vorbereiten. Gemeinsam finden sie eine sinnvolle neue Lösung in der Kooperation mit einem ausländischen Unternehmen, dessen Produkte ihre Erzeugnisse ergänzen und mit dem sie auch im Vertrieb künftig zusammenarbeiten können.

Kompetent verhandeln bedeutet nicht, sich mit seiner Meinung durchzusetzen, sondern beinhaltet auch Flexibilität und Offenheit für bessere Lösungen. Kompetent verhandeln heißt auch, Gespräche so zu führen, daß sich der Gesprächspartner wie man selbst in einem kompetenten, kreativen Energiezustand befindet und konstruktiv an einem lösungsorientierten Gespräch teilnimmt.

Der Erfolg beginnt im Kopf

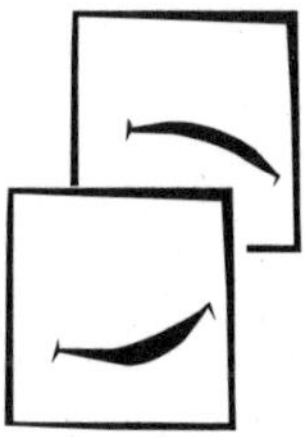

In unserem dritten Fall stoppte Maria C. die Bereitschaft ihrer Kollegin, den freien Tag zu tauschen. Sie war der Überzeugung: «Wenn es ihr Mühe macht, dann muß ich darauf verzichten.» Damit brachte sie sich um den Erfolg ihrer Verhandlung. Maria glaubte, daß es ihr bei Beginn der Verhandlung nicht gelungen sei, ihre Kollegin für sich zu gewinnen. Das hätte eher an der Haltung ihrer Kollegin als an ihrem eigenen Verhalten gelegen. Andere Ereignisse schienen diese Erfahrung zu bestätigen. Sie brachten keine Lösung. Oftmals sind jedoch Lösungen – das Auf-Lösen einengender Denkmuster – erreichbar durch das Loslassen der gegenwärtigen Sichtweise.

Maria überlegte, ob sie einmal die Hilfsbereitschaft einer Person akzeptiert habe, obgleich diese dafür Mühen auf sich genommen hatte. Sie erinnerte sich an eine Szene, die schon etwas weiter zurücklag. Maria hatte ihre Schulfreundin um Unterstützung gebeten. Diese stimmte nur zögernd zu, denn die Gefälligkeit bereitete ihr viele Unannehmlichkeiten.

Später stellte diese Schulfreundin Gegenforderungen und berief sich auf die geleistete Gefälligkeit. «Du glaubst doch nicht, daß ich diese Mühen umsonst auf mich genommen hätte. Dich jetzt zu verweigern ist unfair.» Maria wollte das «unfair» nicht auf sich sitzen lassen, sagte sich aber, daß sie bei diesem «Preis» damals wohl besser auf die Hilfe verzichtet hätte.

«Wenn es dem anderen Mühe macht, ist es besser, das Angebot nicht anzunehmen» wurde ihr Glaubenssatz, unbewußt ergänzt durch: «Denn irgendwann wird dafür die Gegenrechnung aufgemacht.» Diese Erfahrung hatte sie unbewußt so verinnerlicht, daß sie zu einem festen Denkmuster geworden war.

Solche Erfahrungen können überwunden werden, wenn wir uns positive Erlebnisse ins Bewußtsein rufen und ihre konstruktiven Ergebnisse auf die zu lösende Situation übertragen.

Von festgefahrenen zu konstruktiven Strategien

Ein weiterer Weg von festgefahrenen Denkweisen zu konstruktiveren Strategien liegt in der Suche nach einem Modell. Wir stellen uns vor, wie sich eine Person, die wir bewundern, in einer solchen Situation kompetent verhalten hätte. Dann können wir beim gedanklichen Nacherleben unser eigenes Verhalten schrittweise dem unseres Modells anpassen. Dabei versuchen wir, die neu konstruierte Szene möglichst intensiv zu erleben. Dies bedeutet, daß wir unseren

Partner und das Umfeld so deutlich wie möglich sehen. Wir hören Stimmen, Geräusche und Töne, als geschähe die Szene in diesem Moment. Unser Gehirn bewertet diese vorgestellten Erlebnisse wie tatsächliche Begebenheiten. Entscheidend ist die Intensität. Wenn wir uns dann noch selbst wie ein außenstehender Betrachter wahrnehmen, wird unser Blickwinkel zusätzlich erweitert. Wir sind dann nicht nur die Schauspieler einer Szene, sondern der Regisseur.

Die dritte Möglichkeit: Auch hier lassen wir eine Situation Revue passieren, die wir gern ändern möchten. Um sie erfolgreicher zu gestalten, werden zusätzliche Fähigkeiten eingefügt. Wir tun so, als ständen uns alle Fähigkeiten zur Verfügung, und probieren, ob sie die Situation konstruktiv verändern. Diese Möglichkeit wählte Maria. Nachdem sie sich selbst als kompetent erlebt hatte, wurde sie offener für die Wünsche ihrer Kollegin. Sie verstand, daß es dieser mehr Spaß machte, ihr zu helfen, wenn sie dafür Anerkennung und Lob erhielt. Maria merkte bald, daß ihre neue Art, hilfreiche Gesten anderer annehmen zu können, die Beziehung zu ihren Mitmenschen verbesserte.

Durch Erfahrungen und daraus gezogene Schlußfolgerungen entwickeln wir Wertsysteme und Glaubenssätze, die unser künftiges Verhalten programmieren. Bestimmte Auslöser – Bilder, Worte,

Frosch oder Prinz?

**Was wir sein wollen,
entscheiden wir selbst**

Geräusche, ein Gefühl oder eine Berührung – rufen die Erinnerung wach und führen dann meist unbewußt zu einem blockierten Zustand und somit zu Inkompetenz. Wir können der Gefangene unserer eigenen Gedanken werden. Durch den bewußten Umgang mit unserer sinnlichen Wahrnehmung und die Entwicklung konstruktiver Strategien können wir aus unseren Fähigkeiten und Erfahrungen ein wachsendes Repertoire an Verhaltensalternativen entwickeln.

Drei Glaubenssätze, die unsere Kompetenz und Kreativität zur Entwicklung konstruktiver Verhaltensstrategien einschränken, sind besonders typisch:

- Ich muß immer perfekt sein
- Man muß mich mögen
- Der andere sollte anders sein

Diese Glaubenssätze sind häufig durch unsere Erfahrungen in der frühen Kindheit geprägt. Heute haben wir jedoch die Möglichkeiten eines Erwachsenen. Wir können unsere Glaubenssätze konstruktiv variieren und uns neue schaffen. Wir können uns von den sogenannten negativen Erlebnissen befreien und sie zu einem Erfahrungsschatz werden lassen. Wenn wir uns zunächst in Gedanken die Kompetenz schaffen, die uns in Verhandlungen zum Erfolg führt, brauchen wir nicht auf Erlösung von außen zu warten, sondern können – anders als im Märchen – selbst entscheiden, ob wir Frosch oder Prinz sein wollen.

Konzentrieren Sie sich auf Ihre Chancen, nicht auf Probleme!

Ist es Ihnen auch schon einmal so ergangen: Vor einer wichtigen Verhandlung hatten wir uns im Kopf alles so gut zurechtgelegt, und dann kam es doch ganz anders. Unsere überzeugenden Argumente beeindruckten unseren Partner nicht sonderlich. Die Reaktionen auf unsere Ausführungen waren anders als erwartet. Außerdem nahm noch eine zusätzliche Person an der Besprechung teil, die wir bisher noch nicht kennengelernt hatten. Jetzt gilt es, flexibel zu sein. Unsere Kreativität ist gefragt. Auch ein Segler muß die Segel anders setzen, wenn der Wind sich dreht. Aber selbst bei Gegenwind kann er ans Ziel gelangen.

Ähnlich erging es Verkaufsingenieur Lange, als er Herrn Krause, den Juniorchef seines wichtigsten Kunden, besuchte. Er wollte zum Einstieg etwas Positives sagen: «In der Fachzeitschrift habe ich gelesen, daß Ihr Herr Vater auf der Bundestagung des Verbandes wieder eine vielgelobte Rede gehalten hat.» Die Reaktion fiel anders aus als erwartet: «Ja, das ist wirklich ein Problem. Mein Vater hat fast nur noch für die Verbandsarbeit Zeit. Mir überläßt er die vielen Aufgaben im Geschäft.» Jetzt könnte Herr Krause weiter an seine Probleme denken und Herr Lange an das Problem, das er sich durch seinen Einstieg verschafft hat.

Herr Lange verzagte jedoch nicht, als er bemerkte, daß das Gespräch eine andere Wendung nahm. Offenbar hatte er einen Punkt angesprochen, der für Herrn Krause sehr bedeutsam war. Hierin lagen nicht nur Probleme, sondern auch Chancen für Herrn Krause und ihn. Herrn Krauses Blick hatte sich immer mehr auf die Probleme verengt. Es gelang Herrn Lange, seine Sicht wieder zu erweitern, indem er auf eine Reihe ihm bekannter Juniorchefs hinwies, die sich im Unternehmen nicht entfalten konnten, weil sie immer im Schatten ihres Vaters standen. Herr Krause erkannte, daß er zwar sehr gefordert wurde, aber auch viel mehr Möglichkeiten hatte, seine eigenen Vorstellungen im Unternehmen umzusetzen. Dabei kam es auf zuverlässige Geschäftspartner an. Herr Lange konnte sich als ein solcher darstellen. Die Verhandlung nahm einen guten Verlauf.

Herrn Langes Flexibilität bestand darin, daß er sich nicht nur auf das Problem konzentrierte, sondern auch die jeweiligen Chancen erkannte. Außerdem paßte er sich mit seinem Verhalten an die Reaktion an, die er bei seinem Gesprächspartner beobachtete.

Herr Lange be-wertete Herrn Krauses Aussage nicht, sondern ver-wertete sie.
Das Verhalten unseres Partners ist immer auch eine Reaktion auf unser eigenes Verhalten. Sind wir mit den Rückmeldungen nicht zufrieden, so können wir unser Verhalten so variieren, daß wir die gewünschte Reaktion erhalten. Das eigene Verhalten beizubehalten, zu wiederholen und zu hoffen, daß die Reaktion anders ausfallen würde, bedeutet, daß wir hoffen, daß der andere die Führung des Gesprächs übernimmt. Ein Gespräch führen heißt jedoch, Signale für einen konstruktiveren Verlauf zu setzen.
Ein konstruktives Gespräch beeinflußt auch unsere Verfassung. Im schöpferischen Energiezustand haben wir Zugang zu unseren Fähigkeiten, sind kreativ und können neue Verhaltensweisen entwickeln. Wir fühlen uns wohl. Gute Ideen fliegen uns zu, wir finden konstruktive Lösungen.
Anders beim blockierten Zustand. Der Zugang zu unseren Fähigkeiten ist unterbrochen. Nichts geht mehr, die Gedanken drehen sich im Kreis.
Der Zustand der Neubesinnung liegt dazwischen und führt uns in das Hier und Jetzt. Wir konzentrieren uns auf die konkrete Situation und unsere Partner. Durch genaues Sehen, Hören, Fühlen nehmen wir unsere Umwelt bewußter wahr.
Beim blockierten Zustand hängen wir am Problem

fest, manchmal durch ungute Erinnerungen aus der Vergangenheit. Im schöpferischen Energiezustand haben wir die Kreativität, Chancen zu nutzen, um ziel- und zukunftsorientiert erfolgreich zu sein. Es ist nicht immer einfach, direkt vom blockierten Zustand in einen schöpferischen zu wechseln. Durch die Aktivierung des Zustandes der Neubesinnung können wir den blockierten Zustand beenden. Wir nehmen die Situation umfassender und bewußter wahr. Dies eröffnet uns neue Gesichtspunkte, läßt zusätzliche Gedanken anklingen und weitere Möglichkeiten erspüren.

Durch eine veränderte Körperhaltung bringen wir Bewegung in unser Denken. Spüren wir in der Verhandlung, daß wir in den blockierten Zustand geraten, können wir unsere Sitzposition oder Kopfhaltung verändern, aufstehen, um ein Fenster zu öffnen, Kaffee nachschenken etc.

Ähnlich verhält es sich, wenn wir wahrnehmen, daß unser Gesprächspartner in einem blockierten Zustand festhängt. Auch hier können wir unseren Partner veranlassen, seine Körperhaltung zu verändern. Häufig bringt dies auch Bewegung in die Verhandlung.

Mit etwas Übung und Aufmerksamkeit entdecken wir besonders wirksame Auslöser, die uns in den schöpferischen Energiezustand versetzen. Dies kann eine bestimmte Bewegung oder Handhaltung sein,

Den Kurs selbst bestimmen.

Wenn der Wind sich dreht, müssen Sie die Segel anders setzen, um ins Ziel zu gelangen

ein Umsetzen, eine besondere Art des Durchatmens, ein Schlüsselwort oder der Druck auf den Handrücken. Dies fördert unsere Kompetenz in der Verhandlung: Der Zustand der Neubesinnung unterstützt uns, unsere Partner und ihre Befindlichkeit, die Situation und auch uns selbst im Hier und Jetzt besser wahrzunehmen; der schöpferische Energiezustand erschließt uns den Zugang zu unseren Fähigkeiten und unserer Kreativität. Je umfassender unsere Informationen sind und je besser wir den Zugang zu Verhaltensvariationen finden, um so größer ist auch unsere Flexibilität, angemessen und konstruktiv zu verhandeln.

Übungen für die Psycho-Power

Kompetentes Verhandeln beinhaltet, daß wir mit anderen gemeinsam Ziele erreichen. Versäumen wir, zunächst einen wirklichen Kontakt zum Partner aufzubauen, so führen wir ein Gespräch, ohne unseren Partner als eigenständige Person mit einzubeziehen, so, als würden wir beim Telefonieren eilig die Nummer wählen und bereits sprechen, ohne abzuwarten, ob sich der Partner am anderen Ende meldet. Bemühen wir uns um den «guten Draht zum Partner»! Wenn zwei Personen nur abwechselnd reden, ist dies noch kein wirkliches Gespräch. Der Draht zum Partner ist der unmittelbare Kontakt zwischen zwei Personen.

Zumeist steht bei der Vorbereitung einer Verhandlung der Inhalt im Vordergrund. Sympathie und eine positive Beziehung entsteht jedoch vor allem durch stimmlichen und sprachlichen Ausdruck und nonverbale Signale – Körpersprache, Mimik etc. Die nachfolgenden Übungen sind darauf ausgerichtet, einen nonverbalen und verbalen Gleichklang mit dem Partner herzustellen.

Ihr Draht zum Partner

Nonverbales Angleichen

Beim Tanzen achten wir auf die Bewegung und Haltung unseres Partners. Wir gleichen unseren Rhythmus schrittweise dem seinen an. Allerdings wird übertriebene und zu offensichtliche Anpassung vom Partner als «Nachäffen» empfunden. Beim Üben kann jedoch durchaus etwas überzogen werden, um das richtige Gespür einzutrainieren. Für diese Übungen gilt das gleiche wie im Sport: Im Training werden bestimmte Handlungsabläufe besonders intensiv exerziert, um sie dann im wirklichen Wettkampf dosiert und der Situation angemessen einzusetzen.

Zunächst gilt es, den Partner genau zu beobachten, um unsere Haltung der seinen anzupassen. Bei der Körperhaltung achten wir darauf, ob der Oberkörper zurückgelehnt oder nach vorn gebeugt ist. Wo befinden sich die Hände? Sind sie verschränkt, liegen sie locker an der Seite, ist eine Hand am Gesicht? Sind die Beine beim Sitzen übereinanderge-

schlagen? Ist unser Gegenüber eher unbewegt oder läuft er hin und her? Trommelt er mit den Fingern auf der Tischplatte, wippt er mit den Füßen, wiegt er den Kopf? Ist seine Haltung zentriert und symmetrisch oder zu einer Seite geneigt; dies ist ein Hinweis darauf, ob er sich in einer ausgeglichenen Verfassung befindet. Atmet er gleichmäßig oder unregelmäßig, tief oder flach, langsam oder schnell?
Die Mimik vermittelt uns den Gesamteindruck, die Ausstrahlung. Ist unser Partner heiter, offen, interessiert, erwartungsvoll, staunend, unbewegt, versteinert, abwartend, vorsichtig, zurückhaltend mißtrauisch, feindlich oder zornig? Wir beobachten besonders die Mundpartie, die Stirn, die Augenbrauen, eventuelle Falten an der Nasenwurzel oder mögliche Anspannungen an den Kinnbacken. Wir bemühen uns, die Augenbewegungen zu erkennen, die uns Hinweise darauf geben, mit welchen Sinnen der Partner gerade primär seine Umwelt wahrnimmt und wie er Erinnerungen und Erfahrungen wachruft.

Wenn wir uns auf unseren Gesprächspartner entsprechend einstellen, vermitteln wir dem anderen Signale, die Vertrauen auslösen. Wir erzielen eine offene und positivere Verfassung.

Durch das Angleichen unserer Körperhaltung, Atmung und Mimik an die des Partners erhalten wir Hinweise auf dessen Verfassung. Ein Sprichwort der

Indianer sagt: «Beurteile niemanden, bevor du nicht mehrere Meilen in seinen Mokassins gelaufen bist».

1. Schritt: Wir gleichen uns nonverbal unserem Partner an und schaffen dadurch eine gemeinsame Beziehungsebene. Wieweit es uns gelungen ist, Kontakt herzustellen, können wir überprüfen im **2. Schritt:** Hier variieren wir die übernommene Haltung und beobachten, ob uns unser Partner dabei folgt. Tut er dies, so wird damit angezeigt, daß wir einen «guten Draht» zum Partner aufgebaut haben und nun seinerseits von uns gesendete Signale empfangen werden. Das können wir in respektvoller Weise nutzen. Spüren wir z. B. bei der Übernahme der Körperhaltung oder der Atmung unseres Partners einen einengenden Zustand, so verändern wir unsere Haltung, bis wir fühlen, wie er sich auflöst. Läßt sich auch unser Partner aus der einengenden Verfassung herausführen, besteht die Chance, daß er sich aufgeschlossen und energiegeladen dem Gespräch zuwendet.

Üben Sie zusammen mit einem Partner. Sie können sich zunächst als A ein positives, im zweiten Durchgang ein negatives Erlebnis in Erinnerung rufen und sich so weit darauf einlassen, daß Sie die entsprechende Körperhaltung, Atmung und Mimik einnehmen. B versucht, sich nonverbal anzugleichen und schließlich durch allmähliche Veränderung A zu einer Umorientierung zu veranlassen. Bei weiteren Übungen versucht A, sich in verschiedene Rollen hineinzuversetzen: Er ist aufgeschlossen, begeistert, vorsichtig, abwartend, verletzt, freudig, aufgebracht, empört, zornig etc. B versucht, den Zustand zu erspüren. Später wechseln A und B die Rollen. Steht Ihnen kein Trainingspartner zur Verfügung, so können Sie verschiedene Gegebenheiten im Alltag zu Übungszwecken nutzen, z. B. zufällige Begegnungen in der Straßenbahn etc. Auch wenn Sie hier etwas vorsichtig sein müssen, können Sie Ihre Beobachtungsgabe schulen.

Verbales Angleichen

Personen- und situationsabhängig ist einer der Sinneskanäle besonders aktiviert, entweder das Sehen, das Hören oder das Fühlen. Neben den Augenmustern geben auch die verwendeten Worte Hinweise auf die jeweils bevorzugte Wahrnehmungs- und Denkebene. Wenn wir flexibel sind, können wir uns durch unsere Wortwahl anpassen. Dadurch haben wir eine größere Chance, von ihm auch wirklich verstanden zu werden. Die Übung besteht darin, zu trainieren, die sinnesspezifischen Ausdrücke unseres Partners zu hören und zuzuordnen. Verwendet unser Partner Gleichnisse, Metaphern und Beispiele, so können wir heraushören, ob sie eher visuelle (Bilder), auditive (Worte, Geräusche) oder kinästhetische (Gefühle) Erinnerungen oder Gedanken beschreiben. Zusätzlich achten wir auf Stimmlage, Lautstärke, Sprechtempo etc. Nachfolgend einige Beispiele, wie die Sprache Hinweise auf die Wahrnehmungsebene geben kann.

Visuell: Sehen, schauen, blicken, beobachten, zeigen, starren, vorstellen, bezeichnen, Beschreibungen von Farben, Perspektiven und Blickwinkeln sind Worte, die hierzu gehören. Ausdrucksweisen können sein: Schwarzmalerei, das ist doch sonnenklar, das paßt ins Bild, das sieht gut aus, den Durchblick haben, den Überblick gewinnen, das sieht trist aus, jener ist farblos oder es fehlen die Konturen.

Auditiv: Entsprechende Worte sind: hören, sprechen, rufen, plaudern, sagen, fragen, kommentieren, schweigen, lärmen, klingen, einstimmen, erwähnen, nachfragen, Harmonie, Klang, Ton, Disharmonie, Krach etc. Typische Formulierungen sind: Es hat «Klick» gemacht, Bescheid sagen, das klingt vernünftig, jetzt kracht es aber, er wurde abgeschmettert, auch leise Töne beachten, das klingt gut, schreiendes Unrecht, nicht alles hinausposaunen etc.

Kinästhetisch: Hierzu zählen Worte wie fühlen, erfassen, berühren, spüren, griffig, verlangen, kalt, warm, glatt, rauh, zupacken, trocken, feucht, spannend, sensibel, kühl oder warm etc. Entsprechende Formulierungen sind: der Hinweis sitzt, das Argu-

Den richtigen Ton finden

ment paßt, das reibt sich noch, wir bekommen es in den Griff, da muß man zupacken, wir werden Hand anlegen oder da habe ich ein flaues Gefühl.

Olfaktorisch / gustatorisch: Riechen, duften, stinken oder schmecken, scharf, süß, schal, abgeschmeckt, sauer etc. sind Worte, die hier Hinweis geben. Typische Vergleiche sind: Das stinkt mir, das schmeckt mir nicht, das ist bitter, dies hat einen faden Beigeschmack, das wird ihm noch sauer aufstoßen oder das riecht nach einer Überraschung. Je mehr wir uns der Sprache des Partners anpassen, um so höher ist unsere Chance, unabhängig vom Inhalt unserer Aussagen von ihm auch verstanden zu werden. Wir verbessern den Draht zum Partner, weil wir auf der gleichen Ebene senden und empfangen. Wie Musiker eines Orchesters stimmen wir zunächst unsere Instrumente aufeinander ein. Nur wenn wir die richtige Schwingung haben, bringen wir eine Saite zum Klingen.

Aktives Zuhören

Können Sie sich noch an unser Eingangsbeispiel mit Helmut B. und der Dachpappe erinnern? Auf Helmuts Vorwurf hatte der Kollege mit einer Erklärung geantwortet, und das Gespräch hatte sich immer mehr zu einer Auseinandersetzung entwickelt. Mit Helmut und seinem Verhalten haben wir uns schon beschäftigt. Jetzt wollen wir uns noch anschauen, was der Kollege, nennen wir ihn Karl, hätte tun können, um die Eskalation zu vermeiden. Offenbar war seine recht sachliche Erläuterung «Seit heute mittag weiß ich, daß wir die Dachpappe hier nicht mehr verwenden. Was macht es aus, wenn ich jemandem, der gerade vorbeikam, ein Stück gegeben habe?» nicht der richtige Weg. Helmut fühlte sich unverstanden.

Beim aktiven Zuhören hätte Karl zunächst die Aussage von Helmut in seinen Worten wiederholt, um sicherzustellen, daß er ihn richtig verstanden hatte. Dies wäre z. B.: «Sie meinen, ich sollte keinem anderen von der Pappe geben?» – «Nein, das habe ich nicht gesagt, aber ich hatte zuerst gefragt», hätte Helmuts Antwort lauten können. Karl bleibt beim aktiven Zuhören: «Ihrer Ansicht nach hätte ich Sie, als ich von der Freigabe der Dachpappe hörte, zuerst anrufen sollen, bevor ich jemand anderem etwas gab?» – «Ja, das meine ich.» Helmut fühlt sich nun zumindest richtig verstanden. Im weiteren Gesprächsverlauf kann dieses Thema jetzt konstruktiv behandelt werden.

An diesem Beispiel können wir uns die drei wesentlichen Elemente des aktiven Zuhörens verdeutlichen.

1. Zumeist entspannt sich der so Angesprochene – in unserem Falle Helmut –, wenn er dem anderen, dem er gerade noch Vorhaltungen machte –, zustimmen muß. Häufig wird die Atmosphäre dann sofort gelöster. Die Mimik hellt auf und entspannt sich. Gelegentlich wird auch ein Lächeln sichtbar, zumal, wenn dem Angesprochenen deutlich wird, was er mit seinem Angriff meinte. Er kann sich dann schneller auf sein eigentliches Ziel besinnen.
2. Auch der aktiv Zuhörende, Karl, stellt sicher, daß er nicht in einen Disput hineingerät, bei dem er nicht weiß, worum es eigentlich geht. Durch sein Bemühen signalisiert er dem Partner, daß er ihn ernst nimmt. Damit schafft er die Basis für eine Zwei-Gewinner-Lösung.
3. Es schadet nichts, wenn nicht gleich der erste Versuch ins Schwarze trifft. Im Gegenteil. Wenn die erste Vermutung nicht überprüft, sondern als zutreffend angesehen worden wäre, hätten Karl und Helmut aneinander vorbeigeredet. Wenn wir noch kein gemeinsames Thema haben, fehlt uns die Basis für ein konstruktives Gespräch. Dies führt zu Mißverständnissen und unnötigen Auseinandersetzungen.

Vorwürfe sind verunglückte Wünsche

Häufig sind Vorwürfe verunglückte Wünsche. Das aktive Zuhören hilft uns, den hinter dem Vorwurf stehenden Wunsch zu erkennen. Das Thema lautet dann: Können wir uns in diesem Wunsch treffen?

Im Spiegeln den Partner verstehen

Und was können wir gemeinsam tun, um ihn soweit wie möglich zu verwirklichen?

Auf Vorwürfe wird meist mit Rechtfertigungen reagiert, oder sie lösen den Neandertal-Effekt aus.

Auch das aktive Zuhören können Sie mit einem Partner üben. Einer übernimmt dann zunächst die Rolle A und der andere B; von Zeit zu Zeit wechseln Sie. A macht B einen Vorwurf. Die eigentliche Aufgabe liegt bei B. B geht nicht direkt auf den Vorwurf ein, sondern versucht, mit seinen Worten das, was A gesagt hat, so zu wiederholen, daß er von A ein zustimmendes «Ja» erhält.

In der Rolle des A spüren Sie zumeist die Entspannung, die sich einstellt, wenn Sie erkennen, wie Ihr Partner sich bemüht, Ihr Anliegen tatsächlich zu verstehen. Auch in der Rolle des B werden Sie bemerken, wie in dieser Weise die Hektik, die ein Gespräch schnell außer Kontrolle geraten läßt, schwindet. Wenn Sie das gemeinsame Thema erkannt haben, ist dies eine gute Basis für den weiteren Verlauf des Gesprächs.

Steht Ihnen kein Partner zur Verfügung, so können Sie auch hier Gegebenheiten im Alltag zu Trainingszwecken nutzen. Sie haben dann zwar nicht die Gelegenheit, sich im Detail mit Ihrem Übungspartner auszutauschen, an den Reaktionen Ihres Gegenübers werden Sie jedoch den zunehmenden Erfolg ablesen. Im Annehmen und Eingehen auf den anderen erwächst Ihnen die Kompetenz, sich und Ihren Partner konstruktiv zu führen, d.h. in einen themen- und zielorientierten Energiezustand zu versetzen.

Das aktive Zuhören kann nicht nur am Beginn einer Verhandlung dienlich sein, sondern auch dann, wenn Erregungen und Vorwürfe aufkommen und Mißverständnisse drohen. Auch wenn wir dem Anliegen unseres Partners nicht ohne weiteres zustimmen können, so hilft es doch, ihn besser zu verstehen und uns auf ihn einzustellen.

Ein Abgrund wird nicht dadurch beseitigt, daß wir uns die Augen zuhalten. Im Gegenteil, wir fallen leicht hinein, unser Gespräch stürzt ab. Abgründe lassen sich durch Brücken überwinden. Kompetente Verhandlung verbindet die Anliegen und Interessen unseres Partners mit unseren eigenen Zielen.

Das Ziel im Auge behalten

«Wer den Hafen nicht kennt, in den er segeln will, für den ist kein Wind ein günstiger.» (Seneca)

Mit der Klarheit über unsere Ziele geben wir der Verhandlung eine Richtung, wir bestimmen den Hafen, den es zu erreichen gilt. Den Draht zum Partner aufbauen und seine Welt verstehen heißt auch, Wind- und Wetterverhältnisse erkennen, akzeptieren und berücksichtigen. Mit unserem Verhalten setzen wir dann die Segel so, daß wir das Verhandlungsziel konstruktiv erreichen. Auch wenn wir Umwege fahren oder einer Schlechtwetterfront ausweichen müssen, verlieren wir das Ziel nicht aus dem Auge.

Die Zielfindung ist ein Prozeß, der durch die nachfolgenden Schritte gegliedert werden kann. Stellt sich dabei heraus, daß Sie das ursprünglich anvisierte Ziel noch nicht als angemessen oder optimal empfinden, so können Sie die Phasen mehrfach durchlaufen. Die Elemente eines wohlformulierten Ziels sind:

Zielbilder

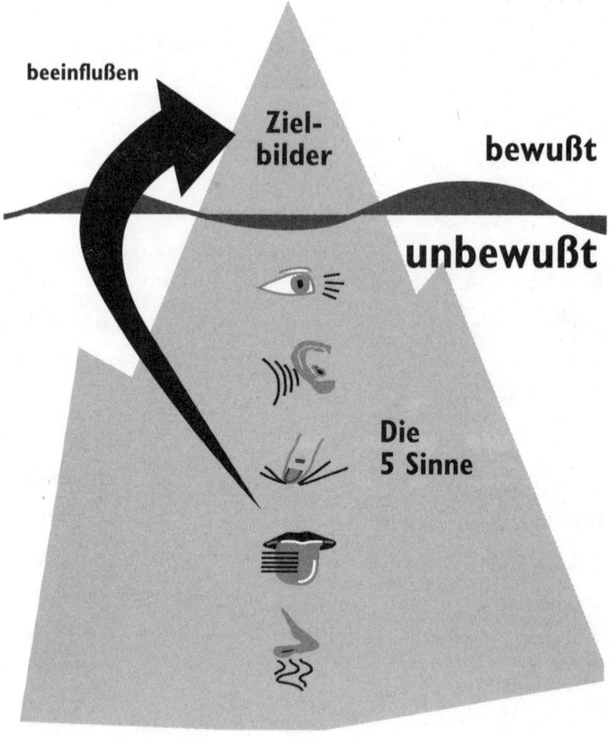

Aktivieren Sie durch Ihre Sinne Ihre unbewußten Fähigkeiten

1. Formulieren Sie das Ergebnis positiv, also ergebnis- statt problemorientiert!
2. Bestimmen Sie es konkret! Stellen Sie es sich vor. Formulieren Sie es anschaulich, griffig und klar.
3. Prüfen Sie, ob Sie Ihr Ziel erreichen können. Was wird sich verändert haben?
4. Berücksichtigen Sie die Situation, Ihren Partner und Ihre Befindlichkeit.
5. Prüfen Sie, was Sie tun müssen, um Ihr Ziel zu erreichen.
6. Prüfen Sie, ob das Ziel für Sie relevant ist. Sind Sie bereit, die Konsequenzen zu tragen?

Gehen Sie bitte die 6 Schritte durch, um Ihre eigenen Ziele zu finden und zu überprüfen. Stellen Sie sich eine demnächst zu führende Verhandlung vor, oder denken Sie an ein bereits erfolgtes Gespräch, bei dem es Ihnen an einer klaren Zielvorstellung fehlte.

Überprüfen Sie Ihr Vorgehen

Zum 1. Schritt: Oft wird das Ziel negativ formuliert, z. B.: «Ich hoffe, es wird nicht...», «hoffentlich wird es kein Mißerfolg», «ich werde mich bemühen, keine Absage zu erhalten» oder «hoffentlich werde ich nicht wieder wie ein Bittsteller abgefertigt». Diese negativen Formulierungen lenken zwar unsere Aufmerksamkeit auf das Problem, doch die Hinwendung auf einen möglichen negativen Ausgang kann Erinnerungen an frühe Mißerfolge wachrufen und eine innere Blockade auslösen.

Positive Formulierungen sind z. B.: «Der Kunde unterschreibt mir einen Kaufvertrag über...», oder «mein Antrag findet Aufmerksamkeit, und ich erhalte Gelegenheit, die Vorzüge für alle Beteiligten in Ruhe darzustellen». Hier orientieren wir uns am Ziel, an dem zu erreichenden Ergebnis und stimmen uns entsprechend auch lösungsbezogen ein.

Unser Unbewußtes ist so konstruiert, daß es Negationen nicht sinnesspezifisch wahrnimmt. Als Leitbild entsteht oft gerade das, was wir nicht wollen. Das kann unbewußt zu Irritationen führen und vom eigentlichen Ziel ablenken. Daher sollten Sie Ihre Ziele positiv formulieren.

Auch vergleichende Formulierungen wie «ich möchte ein besseres Ergebnis als beim letzten Mal» haben sabotierende Wirkung.

Entwickeln Sie eine positive Zielformulierung, die keinen Vergleich enthält!

Zum 2. Schritt: Stellen Sie sich das Ziel so konkret und lebendig wie möglich vor. Machen Sie sich im Geiste ein Zielbild, hören Sie die genaue Formulierung, hören und erleben Sie die mit dem Ziel verbundenen Gefühle. Wenden Sie die Augenmuster an. Beachten Sie, daß die Angaben «links» und «rechts» typisch für Rechtshänder sind und für den außenstehenden Betrachter angegeben wurden. Bei dem Blick von innen müssen Sie die Seiten vertauschen. Dadurch nehmen Sie Ihr Ziel sinnesspezifisch wahr und speichern es als interne Erfahrung gedanklich ab. Halten Sie konkrete Formulierungen schriftlich fest. Diese Aktivität erhöht den Erinnerungswert, und Sie können auf diese Unterlagen zurückgreifen, wenn Sie die nachfolgenden Schritte durchgehen.

Zum 3. Schritt: Er enthält die Frage: Woran erkennen wir, daß das Ziel erreicht wurde? Was wird anders sein als jetzt? Dadurch können Sie prüfen, ob und bis zu welchem Grad Sie erfolgreich waren.

Zum 4. Schritt: Stecken Sie Ihre Ziele nicht zu tief. Nutzen Sie Ihre Fähigkeiten voll aus, und vergeben Sie keine Chancen. Ihre Ziele sollten anspruchsvoll, aber auch realistisch sein. Wenn sie unrealistisch sind, ist der Mißerfolg programmiert.
Ziele können unrealistisch sein, wenn wir die Situation, den Kontext und die sich daraus ergebenden Bedingungen nicht genügend berücksichtigen. Bevor wir an die eigentliche Zielverwirklichung gehen, müssen wir zunächst die Voraussetzungen schaffen und auch unseren Partner mit seinen Interessen und Zielen berücksichtigen.

Wir müssen vor allem subjektiv davon überzeugt sein, daß wir unser Ziel erreichen werden. Zweifel kann Furcht, negative Gefühle und innere Blockaden auslösen. Zuversicht setzt Kräfte frei und wirkt beflügelnd.

Zum 5. Schritt: Zumeist realisieren sich Ziele nicht von allein. Daher sollten Sie sich fragen: Was muß ich dafür tun? Muß ich Vorbereitungen treffen oder Informationen sammeln? Wie kann ich mich auf meinen Partner einstellen und mich selbst einstimmen? Was muß ich tun, damit mein Partner so reagiert, daß ich mein Ziel erreiche?

Zum 6. Schritt: Überprüfen Sie, wie relevant das Ziel für Sie ist. Dies beinhaltet die Frage: Bin ich bereit, die Konsequenzen zu tragen, die mit dem Erreichen des Ziels verbunden sind?
Hierbei helfen uns die konkreten Vorstellungen aus den Schritten 2 und 3. Wenn wir unser Zielbild mit allen Sinnen wahrgenommen und realisiert haben, können wir überprüfen, ob wir die damit verbundenen Konsequenzen auch akzeptieren können und wollen. Prüfen Sie, ob Sie sich zufrieden und glücklich fühlen, wenn Sie an das erreichte Ziel denken.
Ein Beispiel: Die Kassiererin Jutta möchte eine Gehaltserhöhung. Sie informiert sich und erfährt, daß sie im Verhältnis zu ihren Kolleginnen schon recht

gut verdient. Deshalb schlägt sie dem Marktleiter vor, die Kassenaufsicht zu übernehmen. Die Erstellung des täglichen Kassenabschlusses, die bisher jeden Abend vom stellvertretenden Marktleiter vorgenommen wird, traut sie sich durchaus zu. Sie kann in der Verhandlung einen Vorteil anbieten: Wenn sie die Aufgabe übernimmt, entlastet sie den Stellvertreter. Wenn sie sich vorstellt, was sich mit ihrer neuen Aufgabe ändern wird, sieht sie sich abends etwa 20 Minuten länger im Laden bleiben, um den täglichen Kassenabschluß zu erstellen. Sie ist zufrieden, nicht zuletzt deshalb, weil sie mehr verdienen wird. Beklemmend ist jedoch die Vorstellung, künftig als Kassenaufsicht auch disziplinarisch für ihre bisherigen Kolleginnen zuständig zu sein. Sie verändert und konkretisiert nun nochmals ihr Ziel: Kassenaufsicht mit Kontrolle der Einzelabrechnungen und Erstellung des Gesamtabschlusses, aber ohne disziplinarische Vorgesetzte zu sein.
Wie sich später herausstellt, findet ihr verändertes Ziel eher die Zustimmung des stellvertretenden Marktleiters. Sie ist mit ihrer Verhandlung beim Marktleiter erfolgreich.
Der Vorteil dieses Schrittes ist, daß wir in einer Art Probelauf – wir tun in der Vorstellung schon so, als ob das Ziel erreicht wäre – überprüfen können, ob wir die Situation auch mit all ihren Konsequenzen akzeptieren wollen.

Mit ein wenig Übung werden Sie leicht die Routine gewinnen, die 6 Schritte anzuwenden und sich auf wichtige Verhandlungen vorzubereiten. Ihre Klarheit strahlt für den Partner Kompetenz aus. Nun gilt es nur noch, auch während der Verhandlung sowohl zielorientiert zu bleiben als auch partner- und situationsgemäß zu handeln.

Neue Wege denken

Herr Binder wollte seinen Mitarbeiter, Herrn Neumann, dafür belohnen, daß er eine technische Neustrukturierung termingerecht und erfolgreich abgeschlossen hatte. Er lud Herrn Neumann und dessen Frau zu einem verlängerten Wochenendaufenthalt in London mit Flug und Musical-Besuch ein. Doch obwohl Herr Neumann sich höflich bedankte, wirkte er eher skeptisch. Seine Mimik änderte sich auch nicht, als Herr Binder ihm begeistert von seinem letzten Aufenthalt in London erzählte. Herr Neumann wußte nicht recht, wie er reagieren sollte. Er freute sich zwar über die Anerkennung und wollte seinen Chef auf keinen Fall enttäuschen, aber er haßte das Fliegen und fühlte sich auch in der englischen Sprache nicht sicher. Zum Glück reagierte sein Chef flexibel. Er fragte nach und ermöglichte Herrn Neumann dadurch, seinem Unbehagen Ausdruck zu verleihen. Da es Herrn Binders Ziel war, Herrn Neumann eine Freude zu machen, bot er eine bessere Lösung an: ein Aufenthalt in Wien mit Bahnreise.

In einem anderen Fall beklagten sich Mitglieder einer Service-Gruppe bei ihrem Abteilungsleiter, daß sie zu viele Rückfragen zu klären hätten, die sich die Anrufer bei einiger Überlegung auch selbst beantworten könnten: «Und wenn ich dann das Telefon klingeln höre, bin ich schon sauer.» Sie gewannen eine neue Sicht, als der Abteilungsleiter sie darauf hinwies: «Stellt euch vor, es kämen keine solchen Anrufe mehr. Dann könnten wir die Service-Abteilung auflösen oder zumindest stark reduzieren!» Hier wurde nicht die Situation verändert, sondern es wurden neue positive Aspekte aufgezeigt. Danach löste das Läuten des Telefons keinen Ärger mehr aus, sondern bestätigte den Mitarbeitern, daß sie gebraucht wurden.

Oftmals verengt sich während der Verhandlung bei uns und/oder unserem Partner die Wahrnehmung auf lediglich einen Aspekt; wir bekommen das Gefühl, in Zugzwang zu geraten. Dann wird unsere Energie blockiert, das Gespräch führt in eine Sackgasse. Hier gilt es, neue Wege zu gehen. Betrachten Sie vor dem Weiterlesen die Graphik. Nehmen Sie sich einen Moment Zeit, und fragen Sie sich, wie alt die dargestellte Frau ist. – Oft sehen wir zunächst nur ein Gesicht, entweder das einer sehr alten oder einer recht jungen Frau. Zum einen können Sie in der kleinen Linie zwischen den Kragenaufschlägen den Mund einer älteren Frau erkennen mit dem

Ist diese Dame jung oder alt?

Kinn darunter und mit einer großen Nase. Zum anderen kann dies aber auch eine Halskette sein, und das, was zuvor die Nase darstellte, ist jetzt der Wangenknochen des seitlich gedrehten Gesichts einer jungen Dame. Die Situationen oder unsere Partner sind oft nicht nur so, wie sie uns auf den ersten Blick erscheinen. Wir entscheiden, welchen Teil wir annehmen und aktivieren. Flexibilität ist vor allem dann angebracht, wenn die Verhandlungsebene nicht konstruktiv ist.

Zwei Formen einengender Strukturen sind besonders typisch: Eine ließe sich formulieren als «Immer, wenn X geschieht, fühle ich mich Y (reagiere ich mit Y)». Dies bedeutet, daß sich ein Glaube an einen bestimmten Zusammenhang (Kausalität) entwickelt hat. Ein bestimmter Auslöser führe zwangsläufig zu dieser einen Reaktionsmöglichkeit. Damit ist die Flexibilität verlorengegangen. Eine solch einengende Schlußfolgerung ist z. B. das Gefühl eines Verkäufers «Wenn der Kunde anfängt nachzubohren und Details wissen will, dann weiß ich, daß er mich jetzt abblitzen lassen will». Daß der Kunde nachfragt, weil er ernsthaft interessiert ist, wird dann nicht mehr wahrgenommen. In solchen Situationen hilft es, sich neue Zusammenhänge auszudenken, die Signale umzudeuten und Verhaltensalternativen zu entwickeln.

Der andere einengende Glaubenssatz lautet «Ich bin

Erweitern Sie Ihren Handlungsrahmen!

nicht Z (bzw. zu sehr Z)», z. B. «ich bin nicht so schlagfertig». Das vermeintliche Unvermögen reduziert uns. Der kreative Zustand wird aktiviert, wenn es uns gelingt, die Chance zu sehen, also die Rahmenbedingung umzudeuten. Das schützt uns auch vor voreiligen und unbedachten Äußerungen. Was zunächst als Problem angesehen wird, hat auch Vorteile.

Lernen Sie mit der nächsten Übung, eine Situation umzudeuten, den Handlungsrahmen zu erweitern und Verhaltensalternativen zu entwickeln:

1. Schritt: Worin sehen Sie ein Problem, das Sie bearbeiten möchten? Wenn wir die Sätze mit den Worten ergänzen: Immer, nie, jeder, alles, jedes Mal etc., so ist dies ein Hinweis darauf, daß wir eine Situation als gegeben und nur eine Möglichkeit zu reagieren sehen. Wir schließen damit andere Verhaltensvarianten aus.

2. Schritt: Überlegen Sie, wo Sie mit diesem Verhalten gute Erfahrungen gemacht haben. Versöhnen Sie sich mit den zunächst als Problem angesehenen Gegebenheiten. Sie werden Situationen finden, in denen dieses Verhalten positive Seiten hatte. Falls Ihnen nichts einfällt, fragen Sie sich: Was bewirkt mein Verhalten, wenn es erfolgreicher ist? Wenn Sie nicht schlagfertig sind, können Sie vielleicht gut zuhören. Sie veranlassen den anderen zum Reden und gewinnen somit Informationen und Zeit zum Nachdenken.

3. Schritt: Welche Verhaltensalternativen können Sie entwickeln, um auf andere Weise Ihr Anliegen zu realisieren? Versuchen Sie mindestens 3 Alternativen zu finden. Dies gibt Ihnen Flexibilität: Nur eine Handlungsmöglichkeit engt ein, zwei führen schnell zu dem Dilemma des Entweder-Oder, ab drei gewinnen Sie zusätzliche Freiheit.

4. Schritt: Überprüfen Sie, ob irgend etwas gegen die gefundenen Alternativen spricht. Falls ja, überlegen Sie, ob Sie Ersatzmöglichkeiten finden.

5. Schritt: Überprüfen Sie, ob in bestimmten Situationen Verhaltensweise A, in anderen B oder C sinnvoller ist. Dabei kann die ursprünglich als einengend empfundene Reaktion eine zulässige Alternative bleiben. Nach diesem Schritt haben Sie sich Flexibilität situationsbezogen verfügbar gemacht.

Humor ist entspannend

Erinnern Sie sich noch an unser drittes Beispiel im Eingangskapitel? Maria wollte ihren freien Tag tauschen. Als die Kollegin von Umorganisieren und Mühe sprach, da lehnte Maria ab: «Wenn es dir soviel Mühe macht, dann werde ich es halt anders einrichten. Ich hatte gedacht, du würdest es gerne tun.» Statt nun möglicherweise zu denken «wenn du es nicht willst, dann lassen wir es halt, du wolltest es ja», könnte die Kollegin flexibel reagieren und z. B. antworten: «Ist dein Wunsch keine Mühe wert?» Oftmals sind es paradoxe oder witzige Interventionen, mit denen die Auflösung aus festgefahrenen

Gedankengängen erreicht wird. Humor wirkt immer entspannend, auch bei Verhandlungen. Wir sollten jedoch beachten, daß zuvor ein guter Draht zum Partner, eine tragfähige Beziehungsbrücke, aufgebaut worden ist, damit nicht der Eindruck entsteht, wir würden den anderen nicht ernst nehmen.

Zum Schluß: Strategie-Planung

Gedankliche Vorbereitung, gerade bei schwierigen Verhandlungen, hilft uns, das Gespräch konstruktiv zu beginnen und lösungsorientiert zu beenden. Es geht um die Frage: Wie gelangen wir in der Verhandlung von der gegebenen Situation zum Ziel und gewinnen den Partner zur Mitarbeit? Strategien entwickeln heißt, sich über den Weg zum Ziel Gedanken zu machen.

Ein abschließendes Fallbeispiel soll die strategische Vorüberlegung verdeutlichen.

Herr Meyer ist Programmierer. Im Betrieb soll eine neue Stelle zur Beratung der PC-Anwender eingerichtet werden, für die er sich bewerben will. Bei seiner jetzigen Aufgabe hat er wenig Kontakt zu seinen Kollegen. Verhandlungspartner wird sein derzeitiger Abteilungsleiter sein, dem auch die neue Gruppe unterstehen soll. Das Ziel von Herrn Meyer ist diese Beratertätigkeit, bei der er mit anderen zusammenarbeiten kann. Außerdem erwartet er dabei eine Gehaltserhöhung. Als Herr Meyer sich auf die Verhandlung vorbereitet, fallen ihm folgende Argumente ein:

- Ich bin für den Job fachlich gut geeignet und kontaktfähig.
- Die jetzige Schreibtischtätigkeit ist mir zu eintönig.
- Erst letzte Woche habe ich mich darüber geärgert, tagelang unnötig gearbeitet zu haben, nur weil Informationen an mich zu spät weitergegeben wurden.
- Ich habe die erforderliche Sachkompetenz und kenne mich in den meisten Anwendungen aus.
- Selbst komplizierte Zusammenhänge kann ich einfach darstellen.

An Einwendungen, die sein Chef vorbringen könnte, listete Herr Meyer auf:

- Bei einem Wechsel muß ein anderer Ihre jetzige Stelle übernehmen, dem die Vorerfahrung bei den Projekten fehlt.
- Warum wollen Sie wechseln, Sie tun Ihren Job doch gut?
- Das Projekt verträgt in den nächsten Monaten keine Verzögerung durch einen Wechsel.

Herr Meyer sah sich zunächst seine Argumente noch einmal an, um zu prüfen, inwieweit sie auch den Abteilungsleiter Nutzen bieten und überzeugen könnten. Dies war beim ersten und bei den beiden letzten der Fall. Durch einen kundigen und kompetenten Berater stieg auch bei den anderen Fachbereichen

Bereiten Sie jede Verhandlung schriftlich vor. Orientieren Sie sich bei Ihrer Strategie-Planung an folgender Struktur:

Thema:

____

____

Ist-Situation:

____

____

Mein Ziel:

____

____

Meine Argumente:
- **Nutzen für meinen Partner?**

____

____

Mögliche Gegenargumente:
- **Kann ich die Einwände entkräften?**

____

____

das Ansehen der Abteilung; damit brachten sie auch dem Abteilungsleiter einen Nutzen. Das zweite Argument galt vorwiegend für ihn selbst; in der Verhandlung könnte es von den wirklich überzeugenden Argumenten eher ablenken. Die dritte Überlegung war gleichfalls kein wirkliches Argument, sie wies nicht zielorientiert in die Zukunft, sondern thematisierte die Vergangenheit. Sie in der Verhandlung vorzubringen hätte nur Sinn, wenn er seine jetzige Position hätte beibehalten, aber effektiver gestalten wollen. Jetzt lenkte es vom eigentlichen Ziel ab. Herr Meyer entschloß sich für eine Konzentration auf die drei wirklichen Argumente, die auf die Interessenlage seines Chefs eingingen. Zusätzlich war ihm durch die Strategieüberlegung noch ein weiteres Argument eingefallen, das er zunächst vergessen hatte: Er besaß eine umfassende kaufmännische Ausbildung, bevor er sich auf EDV spezialisierte; dies würde seinen Kontakt zu den Fachabteilungen erleichtern.

Sodann befaßte sich Herr Meyer mit den möglichen Einwänden. Er war überzeugt, den ersten Punkt entkräften zu können, wenn er erklärte, als Berater auch seinem Nachfolger bei Rückfragen zur Verfügung zu stehen. Der zweite Einwand würde ihm sogar Gelegenheit bieten, die gute Leistung im jetzigen Job als Empfehlung für weitere Aufgaben zu nutzen. Lediglich den dritten Einwand muß er als echtes

Gegenargument akzeptieren. So variierte er sein ursprüngliches Ziel: Zunächst die Übernahme der Berateraufgabe als Halbtagsjob, um noch halbe Tage zusammen mit einem Nachfolger am jetzigen Projekt zu arbeiten – begrenzt auf drei Monate. Mit dieser Strategie war Herr Meyer erfolgreich und fand die Zustimmung seines Abteilungsleiters.

Kompetentes Verhandeln zeigt sich im Ergebnis. Wenn Lösungen gefunden wurden, die sowohl von uns als auch von unserem Partner akzeptiert werden, gibt es zwei Gewinner. Zur Vorbereitung wichtiger Verhandlungen ist es sinnvoll, Strategien vorausdenkend zu entwickeln, um vorbereitet zu sein und die Sicherheit zu gewinnen, flexibel bleiben zu können.

Wenn Sie den kreativen Energiezustand aufrechterhalten, Situation und Partner sinnesspezifisch wahrnehmen sowei Ihr eigentliches Ziel im Auge behalten, werden Sie in sich die Fähigkeiten aktivieren, die es Ihnen ermöglichen, kompetent zu verhandeln. Dazu wünschen wir Ihnen besten Erfolg!

Tips zum Weiterlesen

Bandler, Richard; Grinder, John: Refraiming. Ein ökologischer Ansatz in der Psychologie. Paderborn, 1990.

Unter Refraiming wird bei NLP das Umdeuten und Umdenken von Problemen verstanden, das Thema in einem anderen Rahmen sehen, verstanden. Die Gründer des NLP selbst geben in diesem nicht ganz einfach zu lesenden Buch viele Anregungen, Übungen und Beispiele.

Bandler, Richard; McDonald, John: Der feine Unterschied. NLP-Übungsbuch zu den Submodalitäten. Paderborn, 1993

Anhand vieler Übungen gibt dies Buch Anregungen, wie wir über die Sinne die eigene Stimmung, die Überzeugung und die Motivation beeinflussen können. Ein Buch für Fortgeschrittene.

Dilts, Robert: Die Veränderung von Glaubenssystemen. Paderborn, 1993

Dilts, ein Schüler von Bandler, hat die NLP um zusätzliche Impulse bereichert. Hier zeigt er in neu entwickelten NLP-Techniken, wie man Überzeugungen gewinnen kann, um neue Wege zu gehen oder alte Lebensweisheiten loszulassen. Die Kenntnis der gängigen NLP-Modelle erleichtert das Lesen und das Verständnis.

Kutschera, Gundl: Tanz zwischen Bewußtsein & Unbewußtsein. NLP Arbeits- und Übungsbuch. Paderborn 1994
Aufgelockert durch viele Übungen wird der Leser in NLP eingeführt.

Mohl, Alexa; Der Zauberlehrling. Das NLP-Lern- und Übungsbuch. Paderborn 1992
Übersichtlich strukturiert wird hier ein umfassender Überblick über alle wichtigen NLP-Übungen gegeben und in die Methoden des NLP eingeführt.

Weiß, Josef, unter Mitarbeit von Isolde Kirchner: Selbst-Coaching. Paderborn 1990
Mit viel Praxisbezug werden verschiedene Bereiche des NLP dargestellt. Der Schwerpunkt ist dabei, persönliche Power und Kompetenz zu gewinnen.

Birker, Gabriele und Klaus: Bewußt leben mit dem Unbewußten. Speyer 1992
Durch bewußte Meditation und mittels der selbst entwickelten Drei-S-Methode werden Wege zur Selbstführung aufgezeigt.